CORONA-IMPFUNG
Chance oder unkalkulierbares Risiko?

Dipl.-Biol. Univ. Dietmar Schäffer

Bildquellen

Impfung Spritze: Pixabay – 5768628 Gerd Altmann
Virus SARS-CoV-2: Flickr – National Institute of Allergy and Infectious Diseases
Virus 3D-Schnitt: Wikimedia Commons – Manu5

Impressum

1. Auflage – Dezember 2020

Verlag und Druck:
tredition GmbH, Halenreie 40-44, 22359 Hamburg

Herausgeber: Dipl.-Biol. Univ. Dietmar Schäffer

Grafik und Layout: Peter Hülsberg | 3pix.de

ISBN 978-3-347-21037-0 (Paperback)
ISBN 978-3-347-21038-7 (e-Book)

© 2020 Dipl.-Biol. Univ. Dietmar Schäffer

Inhaltsverzeichnis

1 Impfungen – ein historischer Rückblick

Werfen wir zunächst einen Blick in die Vergangenheit und versuchen zu klären, seit wann Impfungen und Immunisierung genutzt werden, um Menschen vor Erkrankungen zu schützen.

Die Praxis der Immunisierung reicht mehrere hundert Jahre zurück. In China nutze man bereits im 17. Jahrhundert die sogenannte Variolation. Mit einer Lanzette wurde Material aus einer Pockenpustel von Erkrankten entnommen, die eine Pockeninfektion überstanden hatten. Zur Impfung wurde das Material über kleine Wunden unter die Haut der Impflinge eingebracht. Auf diese Art wurde ein abgeschwächter (attenuierter) Erreger als Lebendimpfstoff appliziert. Manche Quellen gehen sogar davon aus, dass ähnliche Techniken in China schon vor rund 3.000 Jahren verwendet wurden[1].

Der britische Landarzt Edward Jenner gilt als Erfinder von Impfungen im Westen[2]. Seine Entdeckung beruhte auf Beobachtungen und genauer Kenntnis der Verhältnisse in ländlichen Regionen. Er hatte seit 1770 wiederholt Milchmägde gesehen, die sich mit Kuhpocken infiziert hatten. Vor allem an ihren Händen und Armen bildeten sich die typischen Pusteln. Eine Infektion mit Kuhpocken führte aber nicht zu einer schweren Erkrankung. Außerdem hatte Jenner beobachtet, dass mit Kuhpocken infizierte Mägde nicht an den echten Pocken erkrankten. Für ihn lag der Rückschluss nahe, dass eine Infektion mit Kuhpocken vor einer Infektion mit den echten Pocken schützt. Im Jahr 1796 führte er ein erstes Experiment durch und impfte einen 8-jährigen Jungen mit Kuhpocken. Abweichend von der in China praktizierten Methode wurde die Impfung also nicht mit einem abgeschwächten Erreger der echten Pocken aus einer Pustel eines Menschen durchgeführt. Etwa 6 Wochen nach der Impfung versuchte Jenner, den Jungen mit Pocken infizieren. Der Proband zeigte keine Symptome und war offensichtlich immun gegen Pocken. In weiteren Versuchen konnte Edward Jenner die Wirksamkeit seiner Methode nachweisen. Nur zwei Jahre später wurde auf Grundlage seiner Erkenntnisse der erste Pockenimpfstoff entwickelt.

In den folgenden Jahrzehnten machte die Medizin gewaltige Fortschritte. Forscher wie Louis Pasteur und Robert Koch entdecken eine Vielzahl bakterieller Krankheitserreger. Aufbauend auf den Erfahrungen mit der Pockenimpfung begann nach der Entdeckung bakterieller Erreger die Suche nach Impfstoffen gegen Cholera, Typhus und Milzbrand. Sie wurden ab Anfang des 20. Jahrhunderts eingesetzt.

Im Jahr 1923 fand Alexander Glenny eine Methode zur Inaktivierung von Tetanustoxin mit Formaldehyd und konnte einen neuen Impfstoff gegen Wundstarrkrampf entwickeln. Nur drei Jahre später führte die gleiche Methode auch zu einem Erfolg bei der Entwicklung eines Impfstoffs gegen Diphtherie. Beide Impfstoffe gehörten somit zu einer ganz neuen Klasse von Totimpfstoffen, da sie ein abgeschwächtes Toxin des jeweiligen Erregers enthielten.

In der zweiten Hälfte des 20. Jahrhunderts wurden zahlreiche Lebendimpfstoffe gegen Viruserkrankungen entwickelt. Sie enthalten ähnlich wie der Pockenimpfstoff von Edward Jenner abgeschwächte Erreger. So konnte mit Hilfe der Impfungen die Kinderlähmung praktisch ausgerottet werden und gegen weitere Erkrankungen wie Masern, Mumps und Röteln stehen wirksame Impfstoffe zur Verfügung.

In den letzten Jahrzehnten wurden auch zunehmend gentechnische Methoden in der Impfstoffentwicklung eingesetzt. Mit ihrer Hilfe konnte ein Hepatitis-B-Impfstoff auf den Markt gebracht werden. Auch moderne Impfstoffe gegen Cholera sowie ein Impfstoff gegen das Humane Papillomvirus, das Gebärmutterhalskrebs auslöst, gehören in die Gruppe der rekombinanten Impfstoffe.

Die logische Fortsetzung war die gezielte Entwicklung neuer gentechnischer Methoden zur Herstellung von Impfstoffen. Ein erster Erfolg werden möglicherweise die RNA-Impfstoffe gegen Corona.

Um besser zu verstehen, wie die Entwicklung eines Impfstoffes gegen SARS-CoV-2 innerhalb vergleichsweise kurzer Zeit möglich war, werfen wir zunächst einen Blick auf die Morphologie und den Vermehrungszyklus des Virus.

2 SARS-CoV-2 – Entdeckung und Morphologie

Der chinesische Virologe Xu Jianguo gab am 7. Januar 2020 bekannt, dass es sich beim Erreger einer seit Dezember 2019 mehrfach in der Stadt Wuhan aufgetretenen Lungenerkrankung um ein noch unbekanntes Corona-Virus handle. Dies wurde wenige Tage später von der Weltgesundheitsorganisation (WHO) bestätigt[3] und bereits am 13. Januar 2020 wurde die komplette Gensequenz des Erregers an eine zentrale Datenbank in den USA übermittelt. Ein Vergleich der Sequenz ergab große Ähnlichkeiten (fast 90%) mit der Gensequenz von bekannten SARS-Viren, die früher aus Fledermäusen isoliert worden waren. Experten werten dies als Indiz dafür, dass die Erreger von Fledermäusen auf Menschen übertragen wurden.

Ein Nachweisverfahren für den Erreger wurde bereits Mitte Januar publiziert. Dabei wird mit Hilfe der Polymerase Kettenreaktion (PCR) das Erbgut von SARS-CoV-2 im Abstrich aus dem Hals- und Rachenraum nachgewiesen. Antigen-Schnelltests waren einige Monate später verfügbar.

Interessant in diesem Zusammenhang: Studien in Italien haben Antikörper gegen SARS-CoV-2 in Blutproben nachgewiesen, die bereits im Herbst 2019 entnommen wurden[4]. Die Frage, ob SARS-CoV-2 schon lange vor Januar 2020 in Umlauf war, ist nach wie vor Gegenstand intensiver Forschung.

Im elektronenmikroskopischen Bild zeigen sich SARS-CoV-2 Virionen als kugelförmige Partikel mit einem Durchmesser von 60 – 140 nm[5]. Auf ihrer Oberfläche sind 9 – 12 nm lange Spikes („Keulen") erkennbar.

Die Spikes bestehen aus dem Glykoprotein S, das für die Anheftung des Virions an den ACE2-Rezeptor der Wirtszellen[6] sowie die Verschmelzung der Virushülle mit der Zellmembran der Wirtszelle verantwortlich ist[7]. Sie spielen somit eine essentielle Rolle beim Infektionsvorgang und wurden schon früh als Ansatzpunkt für einen Impfstoff gesehen. Der ACE2-Rezeptor der Wirtszellen ist Teil des Systems zur Regulierung des Blutdrucks. Auch Hemagglutinin-Esterase ist am Infektionsvorgang beteiligt.

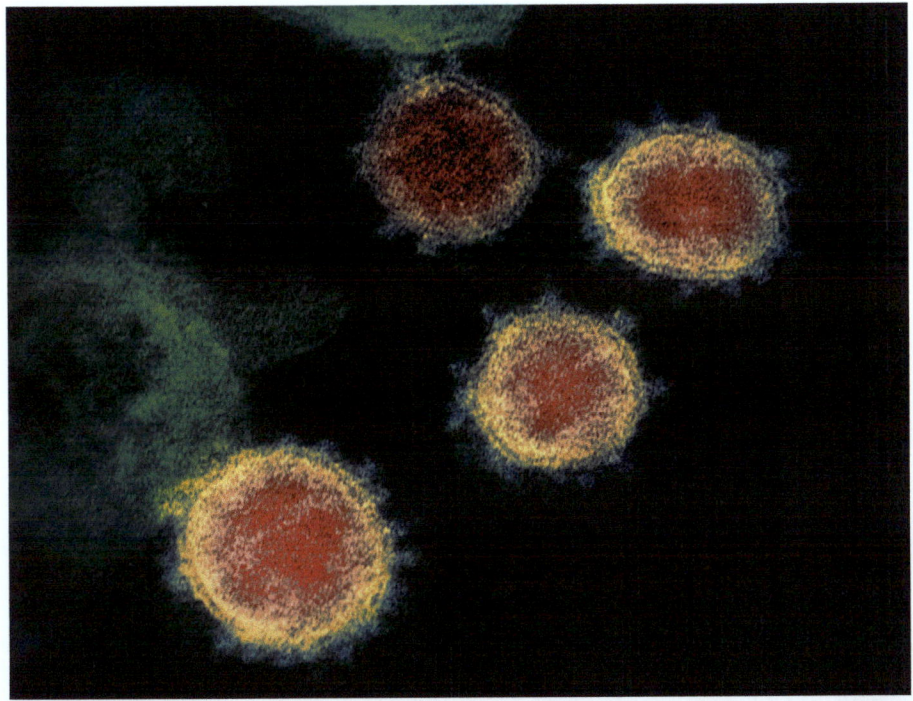

Abbildung 1: Elektronenmikroskopische Aufnahmen des SARS-CoV-2 Virus (2019-nCoV), Auslöser der Krankheit Covid-19. Die blau colorierten Fortsätze (Spikes) sind namensgebend für Coronaviren (Corona = Krone).

Die Virushülle ist aus Lipiden aufgebaut, deshalb können die Virionen durch Tenside wie Seife zerstört werden. Gründliches und häufiges Händewaschen mit Seife und warmem Wasser ist somit eine einfache und wirksame Maßnahme, um eine Übertragung des Virus durch Schmierinfektion zu vermeiden.

In die Hülle sind weitere Proteine eingelagert. Das M-Protein ist mit verantwortlich für die Freisetzung der Viren aus der Wirtszelle und die Bildung der Virushülle. Die Funktion des E-Proteins ist noch nicht genauer bekannt.

Im Inneren des Virions befindet sich ein Kapsid, das die Erbsubstanz enthält. Bei SARS-CoV-2 besteht sie aus einzelsträngiger RNA, während die Erbsubstanz der Wirtszellen aus doppelsträngiger DNA besteht. An die RNA angelagert ist das Nukleoprotein N.

Die Virus-RNA ist 27.600 bis 31.000 Nukleotide lang und somit eines der längsten bekannten Genome bei RNA-Viren[8]. Bei den meisten anderen RNA-Viren umfasst das Genom nur etwa 10.000 Nukleotide. Die Größe des Genoms ist ein Hinweis darauf, dass SARS-CoV-2 ein vergleichsweise stabiles Genom hat und sich langsamer verändert (mutiert), als andere RNA-Viren[9]. Die RNA hat positive Polarität, sie wird in den Wirtszellen direkt als „Bauanleitung" für neue Viruspartikel benutzt.

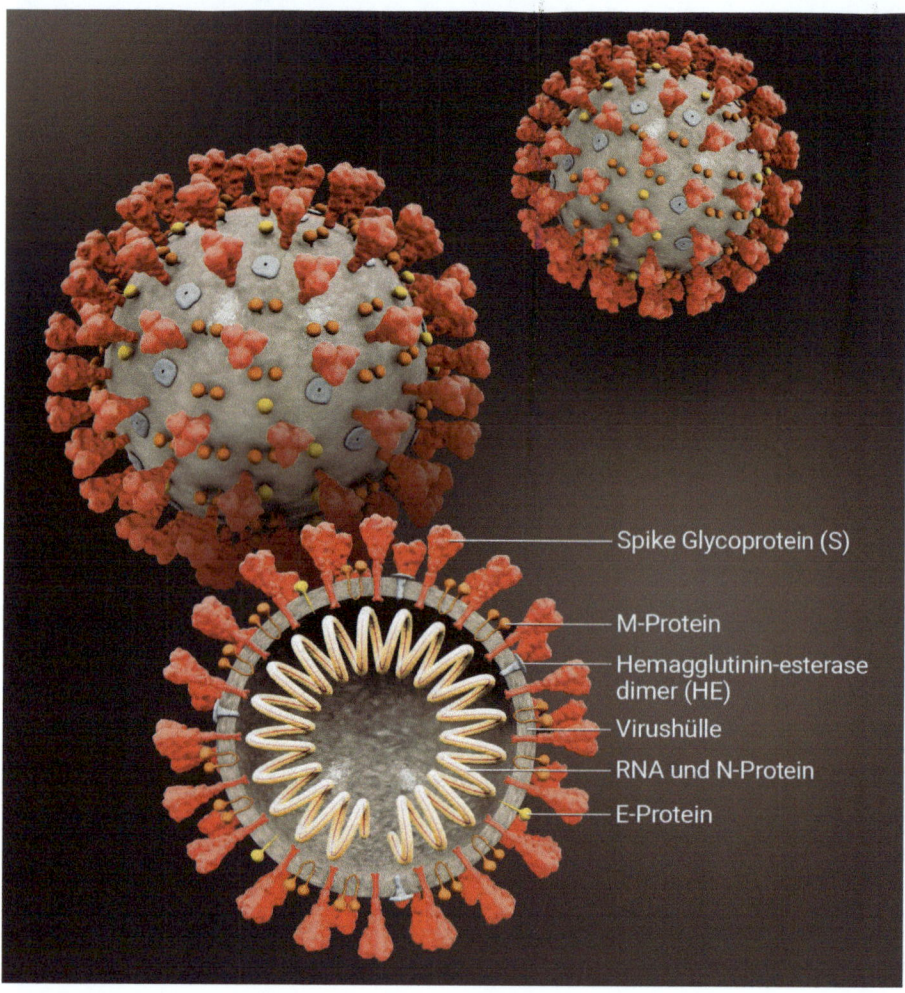

Spike Glycoprotein (S)

M-Protein

Hemagglutinin-esterase dimer (HE)

Virushülle

RNA und N-Protein

E-Protein

Abbildung 2: Schematische Darstellung der Struktur von SARS–CoV–2

3 SARS-CoV-2 – Vermehrungszyklus

1 Zunächst heften sich die Virionen an die Oberfläche der Wirtszellen an. Dies geschieht spezifisch über bestimmte Oberflächenmerkmale (Rezeptoren) der Wirtszelle, im Fall von SARS-CoV-2 über die Bindung des viralen Glykoprotein S an den ACE2-Rezeptor. Der ACE2-Rezeptor der Wirtszellen könnte deshalb ein möglicher Ansatzpunkt für ein Medikament sein.

2 Das Enzym TMPRSS2 der Wirtszelle aktiviert weitere Schritte des Infektionsvorganges, die zum Eindringen des Erregers in die Wirtszelle notwendig sind. Auch TMPRSS2 ist ein potentieller Ansatzpunkt für ein wirksames Medikament.

3 Im nächsten Schritt dringen die Erreger in die Wirtszelle ein (vereinfachte Darstellung).

4 Vor Beginn der Virusvermehrung wird die Erbsubstanz (RNA) des Virus aus dem Kapsid freigesetzt (nur ein möglicher Weg dargestellt).

5 Nun folgt der eigentliche Vermehrungsvorgang, die Replikation. Da SARS-CoV-2 über RNA positiver Polarität verfügt, kann die RNA direkt als „Bauanleitung" (mRNA) für virusspezifische Proteine genutzt werden (Translation). Der Umweg über DNA und den Zellkern der infizierten Zelle, wie ihn DNA-Viren gehen müssen, entfällt. Der Zellkern ist deshalb nicht dargestellt. Für die Wirtszelle ist die Virus-RNA praktisch nicht von eigener mRNA zu unterscheiden und der Syntheseapparat (Ribosomen) der Wirtszelle produziert virusspezifische Proteine (S, M, E, N, RNA-Polymerase).

6 Die Erbsubstanz (RNA) des Virus wird in der Wirtszelle durch Kopieren vervielfältigt (RNA-Replikation). Dazu sind die Enzyme der Wirtszelle selbst nicht in der Lage, diese Aufgabe wird von der viralen RNA-Polymerase übernommen, die viele Kopien der gesamten Virus-RNA herstellt.

7 Sind virale RNA-Kopien und Virusproteine in ausreichender Menge von der Wirtszelle hergestellt, werden sie ins endoplasmatische Retikulum (ER) aufgenommen und lagern sich zu neuen Viren zusammen (selfassembly).

8 Die fertigen Viruspartikel werden als Golgi-Vesikel aus dem ER abgeschnürt (Knospung).

9 Durch Exocytose gelangen die Viren aus der Wirtszelle.

Da sowohl der Vermehrungszyklus, als auch die Morphologie von SARS-CoV-2 schon sehr früh während der Pandemie bekannt waren, konnte mit einer gezielten Impfstoffentwicklung bereits Anfang des Jahres 2020 begonnen werden.

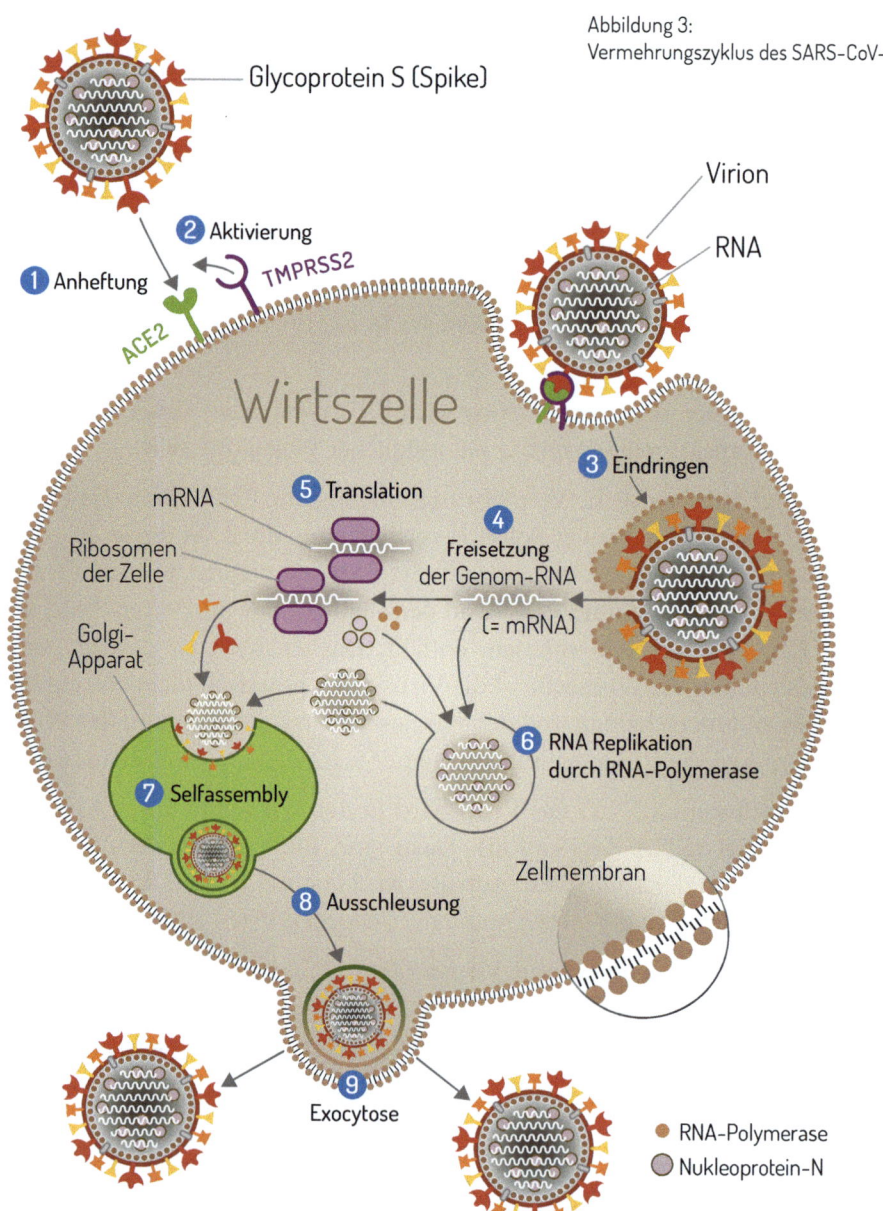

Abbildung 3:
Vermehrungszyklus des SARS-CoV-2

4 Impfstofftypen

4.1 Was soll eine Impfung bewirken?

Das Grundprinzip aller Impfungen ist gleich. Das Immunsystem wird trainiert, auf eine für den Krankheitserreger spezifische Struktur zu reagieren. Bei diesen Strukturen handelt es sich typischerweise um Proteine des Erregers, sie werden als Antigene bezeichnet. Um eine Reaktion des Immunsystems hervorzurufen, muss ihm das Antigen irgendwie präsentiert werden. Das Antigen muss also bei einer Impfung in den Körper eingebracht werden, ohne jedoch eine Erkrankung auszulösen. Dies ist mit verschiedenen Impfverfahren möglich.

4.2 Wie funktioniert ein Totimpfstoff?

Totimpfstoffe enthalten abgetötete Erreger oder sogar nur Bestandteile oder bestimmte Bausteine eines Erregers. Bei einer Impfung werden „fertige" Antigene in den Körper eingebracht, auf die das Immunsystem reagiert. Eine „Umprogrammierung" von Zellen, wie bei Lebendimpfstoffen oder einer natürlichen Infektion, findet nicht statt. Bei Totimpfstoffen besteht kein Risiko, dass nach einer Impfung die Erkrankung ausbricht. Schwerwiegende Nebenwirkungen sind bei Totimpfstoffen sehr selten. Allerdings lässt der Impfschutz nach einer gewissen Zeit nach und eine Auffrischung der Impfung ist notwendig. In diese Gruppe fallen z.B. Hepatitis-Impfstoffe und Impfstoffe gegen Tetanus.

Auch einige Corona-Impfstoffe auf dieser Basis sind in der Entwicklung und klinische Studien zeigten im Herbst 2020 eine gute Immunantwort. Forscher aus China entnahmen dazu einem Corona-Patienten in Wuhan Proben und isolierten daraus Coronaviren. Die Viren wurden im Labor vermehrt, gereinigt und inaktiviert[10]. Wie viele andere Totimpfstoffe enthält auch der Corona-Impfstoff einen Wirkverstärker (Adjuvans) auf Basis von Aluminiumsalz.

Ein Wirkverstärker hatte nach der Impfkampagne gegen Schweinegrippe 2010 vermutlich zur Entwicklung einer Narkolepsie bei einigen Impfempfängern geführt[11].

4.3 Wie funktioniert ein Lebendimpfstoff?

Lebendimpfstoffe enthalten funktionsfähige, aber abgeschwächte (attenuierte) Erreger. Sie sind die ältesten bekannten Impfstoffe. Die Abschwächung kann durch natürliche Mutationen erfolgen oder gezielt durch gentechnische Änderungen am Erbgut der Erreger herbeigeführt werden. Sie können sich im Körper noch vermehren, lösen aber keine Erkrankung wie der eigentliche Erreger aus. Durch die Impfung wird also eine Infektion simuliert. Dabei werden im Fall von Virusimpfstoffen tatsächlich Körperzellen infiziert. Die Zellen werden durch die bei der Infektion eingeschleuste DNA oder RNA der Viren dazu gezwungen, ein Antigen zu produzieren. Auf das Antigen kann das Immunsystem reagieren. In diese Gruppe der Impfstoffe fallen z.B. Masern-Impfstoffe und Mumps-Impfstoffe. In seltenen Fällen können die abgeschwächten Erreger als schwere Nebenwirkung dennoch die Erkrankung auslösen, dies wurde vor allem bei immungeschwächten Patienten beobachtet. Der Impfschutz ist sehr wirksam und hält nach der Grundimmunisierung in der Regel ein Leben lang.

4.4 Wie funktioniert ein Vektorimpfstoff?

Vektorimpfstoffe bestehen aus Erregern, die für Menschen ungefährlich sind - den Vektoren. In das Erbgut der Vektoren werden mit gentechnischen Methoden Bauanleitungen für Teile des Erregers eingebaut, gegen den die Impfung wirken soll. Ein Vektorvirus infiziert also ebenfalls Zellen und schleust dabei seine genetische Information in Form von DNA oder RNA ein. Infizierte Zellen werden so gezwungen, ein Antigen zu produzieren, auf das eine Immunantwort erfolgt. In diese Gruppe gehören z.B. Ebola-Impfstoffe.

Technisch gesehen gehören Vektorimpfstoffe zur Gruppe der Lebendimpfstoffe, da vermehrungsfähige Viren als Impfstoff eingesetzt werden.

Verschiedene Forschergruppen entwickeln derzeit Vektorimpfstoffe gegen SARS-CoV-2. Der Impfstoff von Astra Zeneca befindet sich bereits in der 3. Phase der klinischen Prüfung und verwendet Adeno-Viren als Vektoren. Wegen einer Panne bei der Dosierung des Impfstoffes in der Studie verzögert sich die Zulassung.

Im Herbst 2020 begannen auch klinische Studien mit einem Vektorimpfstoff aus Deutschland[12]. Basis ist ein modifiziertes Pockenvirus (Modified-Vaccinia-Ankara-Virus, MVA). Der Vektor wird bereits seit 2013 in einem Impfstoff gegen Pocken eingesetzt. Außerdem konnte auf Erfahrungen mit einem Impfstoff gegen MERS zurückgegriffen werden, der bereits die klinische Phase I erreicht hatte[13].

4.5 Wie funktioniert ein mRNA-Impfstoff?

mRNA-Impfstoffe bestehen aus mRNA. Sie enthalten weder abgeschwächte Erreger wie Lebendimpfstoffe, noch abgetötete Erreger oder Bestandteile von Erregern wie Totimpfstoffe. mRNA wird in jeder Zelle verwendet, um genetische Information, die in der DNA im Zellkern gespeichert ist, außerhalb des Zellkerns in Proteine zu übersetzen. Sie übermittelt also Information („Nachrichten") aus dem Zellkern, daher die Bezeichnung messenger RNA oder mRNA (Boten-RNA).

Zur Herstellung eines mRNA-Impfstoffes wird aus dem Erbgut des Erregers ein RNA-Abschnitt isoliert, der die Bauanleitung für ein Protein der Virushülle enthält. Im Labor werden Kopien des RNA-Abschnitts hergestellt und zum mRNA-Impfstoff weiter verarbeitet. Dabei wird die mRNA u.a. in Lipid-Nanopartikel verpackt, um ihre Aufnahme in Zellen zu ermöglichen.

Nach einer Impfung mit einem mRNA-Impfstoff wird außerhalb des Zellkerns die „Nachricht", die in der mRNA gespeichert ist, gelesen. Sie zwingt dann die Zelle dazu, das Antigen zu produzieren, dessen Bauanleitung in der mRNA gespeichert ist. Auf das Antigen kann das Immunsystem reagieren. In diese Gruppe gehören die Corona-Impfstoffe von Biontech, Curevac und Moderna.

4.6 Wie funktioniert ein DNA-Impfstoff?

DNA Impfstoffe bestehen aus DNA. Sie müssen im Gegensatz zu RNA-Impfstoffen in den Zellkern eingebracht werden, dort wird eine „Kopie" in Form von mRNA hergestellt. Die mRNA wird dann schließlich wieder außerhalb des Zellkerns wie bei einem mRNA-Impfstoff als Bauanleitung für ein Antigen verwendet. Bisher gibt es keine zugelassenen DNA-Impfstoffe.

5 Phasen der Impfstoffentwicklung

• Präklinische Phase

In der präklinischen Phase werden zunächst potentielle Impfstoffkandidaten gesucht. Es kommen dabei zunächst alle Impfstofftypen in Betracht und erst durch genauere Analysen des Erregers stellt sich heraus, welche Arten von Impfstoffen am besten geeignet sind. Zunächst muss der Erreger und sein Vermehrungszyklus so gut erforscht sein, dass man potentielle Ansatzstellen für einen Impfstoff erkennen kann. Im Labormaßstab müssen dann Methoden entwickelt werden, um potentielle Impfstoffkandidaten in gleichbleibender Qualität und ausreichender Menge für weitere Untersuchungen herzustellen. In Tierversuchen und Zellkulturen wird vor der Weiterentwicklung eines Impfstoffkandidaten die Verträglichkeit und Wirksamkeit analysiert.

• Klinische Phase I

In der ersten klinischen Phase wird ein Impfstoffkandidat an maximal 100 freiwilligen Probanden auf seine Verträglichkeit und mögliche Nebenwirkungen untersucht. In der Regel handelt es sich bei den Probanden um jüngere und gesunde Menschen, die während der Studie genau überwacht werden. Auch die Dosierung des Impfstoffkandidaten wird in dieser Phase festgelegt. Dabei beginnt man mit einer Startdosis, die auf Basis vorheriger Tierversuche festgelegt wurde. Verträgt der Proband die Startdosis gut, erhalten weitere Teilnehmer eine höhere Dosis. Die Teilnehmer der klinischen Phase I werden 6 Monate lang weiter auf Wirkungen und Nebenwirkungen beobachtet.

• Klinische Phase II

Die Hauptfrage in der klinischen Phase II ist die Immunreaktion. An bis zu 1.000 Freiwilligen wird geprüft, ob nach der Verabreichung des Impfstoffkandidaten die gewünschte Reaktion des Immunsystems eintritt und spezifische Antikörper gegen den Erreger gebildet werden. Während der zweiten Phase werden weiterhin Nebenwirkungen dokumentiert und die Dosierung wird weiter optimiert. Auch die Frage, ob eine einmalige Impfung zumindest für einen zeitweiligen Impfschutz ausreichend ist, oder ob mehrere Impfungen notwendig sind, wird geklärt. Wie schon in Phase I wird auch in Phase II einer Vergleichsgruppe ein Scheinimpfstoff (Placebo) verabreicht. Für eine beschleunigte Prüfung können Phase I und Phase II miteinander verbunden werden und bei positiver Bewertung der Zwischenergebnisse durch die Zulassungsbehörden kann schon wenige Woche nach Phase I die zweite Phase beginnen.

• Klinische Phase III

In der dritten klinischen Phase wird geklärt, ob der Impfstoff vor einer Infektion schützt und wie lange der Schutz anhält. Dazu erhalten viele tausend (meistens sogar mehrere zehntausend) Freiwillige aus unterschiedlichen Altersgruppen eine Impfung mit dem Impfstoffkandidaten. Eine zweite etwa gleichgroße Kontrollgruppe erhält nur ein Placebo. Im Verlauf der Studie wird dann geprüft, wie viele Probanden aus der Impfgruppe erkranken und wie viele Probanden aus der Kontrollgruppe erkranken. Wenn z.B. insgesamt 100 Studienteilnehmer erkranken und 95 davon aus der Kontrollgruppe kommen, aber nur 5 aus der Impfgruppe, hat der Impfstoff eine Wirksamkeit von 95%. Auch während der klinischen Phase III werden Nebenwirkungen weiter dokumentiert.

• Zulassung des Impfstoffes

Liegen aus allen drei klinischen Phasen überzeugende Ergebnisse vor, werden die Daten bei der zuständigen Zulassungsbehörde eingereicht. Im sogenannten „rolling review" können Daten bereits während der einzelnen Phasen eingereicht und begutachtet werden.

Für die Zulassung eines Impfstoffes im zentralisierten Verfahren in der EU ist die Europäische Arzneimittelbehörde EMA zuständig. Sie kann in besonderen Fällen auch eine vorläufige Zulassung unter Auflagen erteilen. Diese ist zeitlich befristet und kann in eine reguläre Zulassung umgewandelt werden, wenn weitere Studien entsprechende Daten liefern und auch längerfristig keine nennenswerten Nebenwirkungen auftreten.

6 mRNA-Impfstoffe – FAQ

6.1 Können mRNA-Impfstoffe das Erbgut verändern?

Nein. In Zellen von höheren Lebewesen ist die Erbinformation in Form von DNA im Zellkern gespeichert. Die DNA dient als Kopiervorlage für mRNA. Die im Zellkern hergestellten RNA-Kopien werden aus dem Zellkern transportiert und dienen im Cytoplasma den Ribosomen als Bauanleitung für Proteine.

DNA wird zwar DNA im Zellkern als „Kopiervorlage" für mRNA verwendet, aber der Mechanismus für eine Rückkopie von mRNA in DNA ist nicht vorhanden. Der mRNA-Impfstoff kann also nicht in DNA „rückübersetzt" werden, was aber Voraussetzung für den Einbau in die DNA im Zellkern und damit für eine Erbgutänderung wäre.

Im Zusammenhang mit möglichen Erbgutänderungen taucht gelegentlich auch die Frage auf, ob bei einer Infektion mit einer zweiten Virusart potentiell die Gefahr von Erbgutänderungen besteht. Die Frage bezieht sich auf Viren, die einen komplett anderen Vermehrungszyklus als SARS-CoV-2 haben. Zu diesen Viren gehört z.B. das HIV-Virus. Diese Viren verwenden als Erbinformation zwar auch RNA, erstellen davon aber während der Vermehrung in der Zelle mit Hilfe des Enzyms Reverse Transkriptase eine DNA-Kopie. Sie verfügen also im Gegensatz zu Coronaviren über das Werkzeug, um RNA in DNA zurück zu übersetzen. Allerdings benötigt die reverse Transkriptase immer ein kurzes Stück tRNA als Startsequenz (Primer), um die RNA in DNA umzuschreiben. Und dieser Primer muss die genau passende Folge von Bausteinen haben, um sich zunächst spezifisch als Gegenstrang an die virale RNA anzulagern. Da in mRNA-Impfstoffen keine solche passende Bausteinsequenz vorhanden ist, an die der Primer spezifisch andocken kann, funktioniert die reverse Transkription nicht. Selbst wenn also eine Doppelinfektion mit einem Virus vorliegt, dass reverse Transkriptase in die infizierten Zellen einbringt, besteht keine Gefahr der Erbgutänderung durch mRNA-Impfstoffe.

Dies gilt natürlich auch für die RNA, die in Totimpfstoffen und in Vektorimpfstoffen ebenso enthalten ist, wie in den mRNA-Impfstoffen.

6.2 Können mRNA-Impfstoffe alle Körperzellen „umprogrammieren"?

Nein. mRNA ist von Natur aus instabil, denn auch natürliche mRNA soll nicht auf Dauer in einer Zelle als Bauanleitung zur Verfügung stehen. Bei Bedarf wird mRNA im Zellkern hergestellt, dient eine gewisse Zeit außerhalb des Zellkerns als Bauanleitung und wird dann abgebaut. So können Zellen die Produktion von Proteinen steuern. mRNA hat eine Halbwertszeit von etwa 30 bis 60 Minuten. Die Empfindlichkeit ist einer der Gründe, weshalb mRNA-Impfstoffe bei tiefen Temperaturen gelagert werden müssen, sie zerfallen sonst.

6.3 Seit wann werden RNA-Impfstoffe erforscht?

Die Entwicklung von RNA-Impfstoffen begann vor fast 30 Jahren. Einer der Pioniere ist der Biologe Ingmar Hoerr. Er entdeckte 1999 in Tübingen zufällig, dass RNA eine stärkere Immunantwort auslöst, als DNA. Seitdem haben er und viele andere Forscher weltweit intensiv an der Entwicklung von RNA basierten Impfstoffen gearbeitet. Es war so gesehen ein Glücksfall, dass nach gut 20 Jahren Forschung der Kenntnisstand so weit fortgeschritten war, dass Anfang des Jahres 2020 gezielt mit der Impfstoffentwicklung gegen SARS-CoV-2 begonnen werden konnte.

6.4 Sind die neuen mRNA-Impfstoffe schlecht geprüft?

Die Verfahren zur Prüfung eines neuen Impfstoffes sind in Gesetzen und Verordnungen vorgegeben. Die Vorgaben gelten auch für die neuen mRNA-Impfstoffe gegen Corona.

Insgesamt haben weltweit mehrere zehntausend Studienteilnehmer während der klinischen Phase III bereits mRNA-Impfstoffe erhalten, dabei sind keine schweren Nebenwirkungen bekannt geworden. Schwere Nebenwirkungen werden also aller Wahrscheinlichkeit nach nur im unteren Promillebereich oder noch seltener auftreten.

Langzeit-Nebenwirkungen konnten noch nicht untersucht werden, da die Impfstoffe erst seit einigen Monaten verfügbar sind. Aufgrund des Mechanis-mus der RNA-Impfung sind Langzeit-Nebenwirkungen äußerst unwahrscheinlich, ausschließen kann sie niemand. Während des Zeitraumes, in dem die zunächst nur vorläufige Zulassung gilt, werden deshalb weiter Nebenwirkungen dokumentiert und in der abschließenden Bewertung berücksichtigt.

Im Gegensatz zu den eher unwahrscheinlichen Nebenwirkungen der mRNA-Impfstoffe sind die „Nebenwirkungen" und die „Langzeit-Nebenwirkungen" (Post-Covid-Syndrom) einer echten Sars-CoV-2 Infektion inzwischen eindeutig in vielen Studien und mit hoher Fallzahl belegt[14]. Ob man sich wegen möglicher aber relativ unwahrscheinlicher Langzeit-Nebenwirkungen der mRNA-Impfstoffe nicht impfen lässt, ist eine persönliche Entscheidung nach entsprechender Risikoabwägung.

6.5 Warum wurden die Studien für mRNA-Impfstoffe kaum in Europa durchgeführt?

Die meisten Probanden der klinischen Phase III der Impfstoffprüfungen für die mRNA-Impfstoffe von Biontech und Moderna stammten nicht aus Europa. Dafür gibt es einen einfachen Grund. Wie weiter oben erläutert, wird in der klinischen Phase III die Wirksamkeit des Impfstoffes geprüft. Dazu erhält eine Hälfte der Studienteilnehmer den Impfstoff, die andere Hälfte ein Placebo. Dann vergleicht man, wie viele Probanden aus beiden Gruppen an Covid-19 erkranken. Voraussetzung für eine erfolgreiche Studie ist also ein ausreichend hohes Infektionsgeschehen. In den Sommermonaten und bis in den Herbst hinein gab es in Europa nur ein relativ geringes Infektionsgeschehen, während auf der Südhalbkugel – dort ist es Winter, wenn bei uns Sommer ist – sehr viele Infektionen registriert wurden. Somit waren die Voraussetzungen während der ersten Monate der klinischen Phase III in Ländern wie Brasilien deutlich besser, als in Europa.

6.6 Haften Hersteller der Impfstoffe für Impfschäden?

Nein. Weder Hersteller von mRNA-Impfstoffen, noch Hersteller von irgendwelchen anderen zugelassenen und staatlich empfohlenen Impfstoffen haften für Impfschäden. Das ist seit langer Zeit gesetzlich so festgelegt und gilt auch für mRNA-Impfstoffe. Bei Impfschäden haftet der Staat nach dem Bundesseuchengesetz, wenn es sich um eine amtlich empfohlene Impfung handelt.

6.7 Wie lange hält der Impfschutz?

Dazu gibt es aus nachvollziehbaren Gründen noch keine abschließenden Studien. Für Menschen, die eine Infektion mit Sars-CoV-2 überstanden haben, konnte in Studien gezeigt werden, dass noch weit über 6 Monate nach der Infektion Immunität bestand. Auch bei den ersten während der Impfstoffstudien geimpften Probanden ist nach 6 Monaten noch Impfschutz gegeben[15]. Fachleute gehen im Moment davon aus, dass ähnlich wie bei Grippe jährliche Impfungen notwendig sind.

6.8 Gibt es Alternativen zu mRNA-Impfstoffen?

Weltweit wird eine Vielzahl unterschiedlicher Ansätze für die Entwicklung von Impfstoffen verfolgt. Allgemein wird von Experten erwartet, dass mRNA-Impfstoffe und Vektorimpfstoffe die besten Chancen auf eine baldige Zulassung haben.

In Deutschland werden neben mRNA-Impfstoffen (Biontech, Curevac, baseclick) auch Vektorimpfstoffe (Leukocare, PVT) und Totimpfstoffe (Artes Biotechnology, Contivir, Belytic) entwickelt, die klinischen Studien haben teilweise bereits begonnen.

In der New York Times wird regelmäßig eine Übersicht zum Stand der Impfstoffentwicklung veröffentlicht[16]. Mit Stand 30.11.20 war die Situation wie folgt:

- **Weltweit 87 Impfstoffe in der präklinischen Phase**
- **Weltweit 40 Impfstoffe in der klinischen Phase I**
- **Weltweit 17 Impfstoffe in der klinischen Phase II**
- **Weltweit 13 Impfstoffe in der klinischen Phase III**
- **Weltweit 6 Impfstoffe mit vorläufiger Zulassung**

Mit Stand 02.12.20 zählte die Weltgesundheitsorganisation 214 Impfstoffprojekte weltweit. Alle Ende November 2020 bereits bedingt zugelassenen Impfstoffe hatten die klinische Phase III der Prüfung noch nicht abgeschlossen. Zwei der Impfstoffe waren in China zugelassen und je zwei weitere in Russland und den Vereinigten Arabischen Emiraten.

Anfang Dezember 2020 lagen nach Abschluss der klinischen Phase III Anträge von Biontech und Moderna auf beschleunigte Zulassung der mRNA-Impfstoffe in den USA und in der EU vor. In Großbritannien wurde dem Impfstoff von Biontech am 2. Dezember 2020 eine vorläufige Zulassung erteilt.

6.9. Warum konnte der Impfstoff so schnell entwickelt werden?

Üblicherweise dauert die Entwicklung eines Impfstoffes acht bis zehn Jahre. Die ersten Corona Impfstoffe gehen nun nicht einmal ein Jahr nach Ausbruch der Pandemie in die Zulassung. Für diese Impfstoffentwicklung in Rekordzeit gibt es mehrere Gründe.

- Die Entwicklung neuer Impfstoffe ist sehr teuer. Alleine der Aufwand für die klinischen Studien verschlingt meist mehrere hundert Millionen Euro. Für den Biontech Impfstoff nahmen weltweit fast 45.000 Menschen an den Studien teil. Für diese Impfungen muss nicht nur der Impfstoff in ausreichender Menge hergestellt werden, es ist auch Personal notwendig, dass die Impfungen durchführt, danach die Probanden überwacht und alle notwendigen Untersuchungen und Probenentnahmen durchführt, dokumentiert und auswertet. Im Fall der Impfstoffentwicklung gegen SARS-CoV-2 war die Finanzierung der Studien kein großes Problem. Es mussten nicht erst langwierig Investoren gesucht werden, da auch Regierungen im großen Maßstab Fördergelder zur Verfügung stellten. Alleine die Bundesregierung hat für drei deutsche Firmen (Biontech, Curevac, IDT Biologika) 750 Millionen Euro Fördergelder bereit gestellt. Die Studien konnten so ohne zeitliche Verzögerung und ohne mehrjährige Streckung der Investition durchgeführt werden.

- Für die Entwicklung eines Sars-CoV-2-Impfstoffs konnte auf Forschungsarbeiten zu zwei ähnlichen Viren zurückgegriffen werden. Der Erreger der SARS-Epidemie in den Jahren 2002/2003 und der Erreger der MERS-Epidemie im Jahr 2012 gehören zur gleichen Virenfamilie. Aus Forschungen zu diesen Erregern war bereits bekannt, dass das Spike-Protein eine wichtige Rolle bei der Immunreaktionen spielt. Die Wissenschaftler hatten also gleich zu Beginn der Pandemie einen Ansatzpunkt für einen Impfstoff.

- Die Rekrutierung einer ausreichend großen Zahl von Studienteilnehmern für die klinische Phase III ist normalerweise ebenfalls ein zeitraubender Prozess. Die globale Pandemie hat aber die Bereitschaft erhöht, an einer Studie teilzunehmen und eine ausreichend große Zahl an Probanden wurde innerhalb kürzester Zeit gefunden.

- Die Ergebnisse der Studien werden von den Zulassungsbehörden wegen der weltweiten Bedeutung deutlich schneller bearbeitet, als dies sonst der Fall ist. Teilergebnisse werden den Behörden noch während der laufenden Studien zur Begutachtung und Auswertung übermittelt, so dass am Ende der Studien schon ein großer Teil der Ergebnisse in den Zulassungsprozess eingeflossen ist und eine Entscheidung schneller getroffen werden kann.

7 Biontech Impfstoff BNT162b2

7.1 Studien zur Zulassung

Die Studien der klinischen Phase I / II für den Impfstoff BNT162b2 der Firmen Biontech und Pfizer begannen am 23.04.20. In der ersten Phase erhielten zunächst 12 Studienteilnehmer in Deutschland eine Impfung. Nach einer ersten Bewertung der Verträglichkeit erhielten im weiteren Verlauf rund 200 gesunde Studienteilnehmer im Alter zwischen 18 und 55 Jahren eine Impfung, um die optimale Dosis für die weiteren Studien zu finden.

Im Juli 2020 begann dann die globale Studie zur klinischen Phase III der Zulassung. Am 07.09.20 erteilte das Paul Ehrlich Institut die Genehmigung für den deutschen Teil der globalen Phase III Studie. Die Studie untersuchte die Sicherheit und Wirksamkeit an insgesamt rund 45.000 Probanden im Alter von 18 bis 85 Jahren[17]. Die Durchführung erfolgte in etwa 120 Studienzentren weltweit.

Weitere Daten finden sich im EU Clinical Trials Register. Dort ist auch eine Vielzahl von Kriterien hinterlegt, die für die Teilnehmer der einzelnen Kohorten der Studie gelten. So war für die jüngeren Probandenkohorten z.B. festgelegt, dass die Freiwilligen zwischen 18 und 55 Jahre alt sein müssen, einen BMI zwischen 19 und 30 haben müssen und zu Beginn der Studie mindestens 50 kg wiegen müssen. Auch eine immungeschwächte erwachsene Kohorte war Teil der Studie. In ihr waren u.a. auch Organtransplantatierte und Personen mit einer HIV-Infektion unter definierten Voraussetzungen zugelassen.

Auch verschiedene Ausschlusskriterien können im EU Clinical Trials Register unter www.clinicaltrialsregister.eu nachgelesen werden.

Am 09.11.20 gaben Biontech und Pfizer in einer Pressemitteilung erste Zwischenergebnisse der Phase III Studie bekannt. Die Rohdaten wurden im Rolling Review Verfahren auch regelmäßig an die Zulassungsbehörden zur Prüfung übermittelt. Auf Grundlage der Auswertung der Daten von über 43.500 Studienteilnehmern wurde eine Wirksamkeit des Impfstoffes von mindestens 90 % ermittelt.

Der Impfschutz wird nach zwei Impstoffgaben von jeweils 30 µg 28 Tage nach der ersten Impfung erreicht. Zum Zeitpunkt der Pressemitteilung hatten über 38.900 Studienteilnehmer bereits die zweite Impfung erhalten. Schwerwiegende Nebenwirkungen wurden bei keinem Probanden festgestellt.

Aktualisierte Daten wurden am 18.11.20 veröffentlicht. Insgesamt hatten sich zu diesem Zeitpunkt 170 Studienteilnehmer mit Covid-19 infiziert, davon 8 aus der geimpften Gruppe und 162 aus der Placebo-Gruppe. Die Wirksamkeit des Impfstoffes liegt damit bei 95 %.

7.2 Der Impfstoff BNT162b2

Der Impfstoff enthält Lipid-Nanopartikel mit mRNA. Er wird intramuskulär verabreicht und von den Zellen aufgenommen. Das virale S-Protein wird in den Zellen von den Ribosomen syntetisiert. Die mRNA dient dabei als Bauanleitung. Das Spike Protein (Glykoprotein S) wird dem Immunsystem an der Zelloberfläche präsentiert und löst eine Immunantwort aus, welche vor dem Virus schützt.

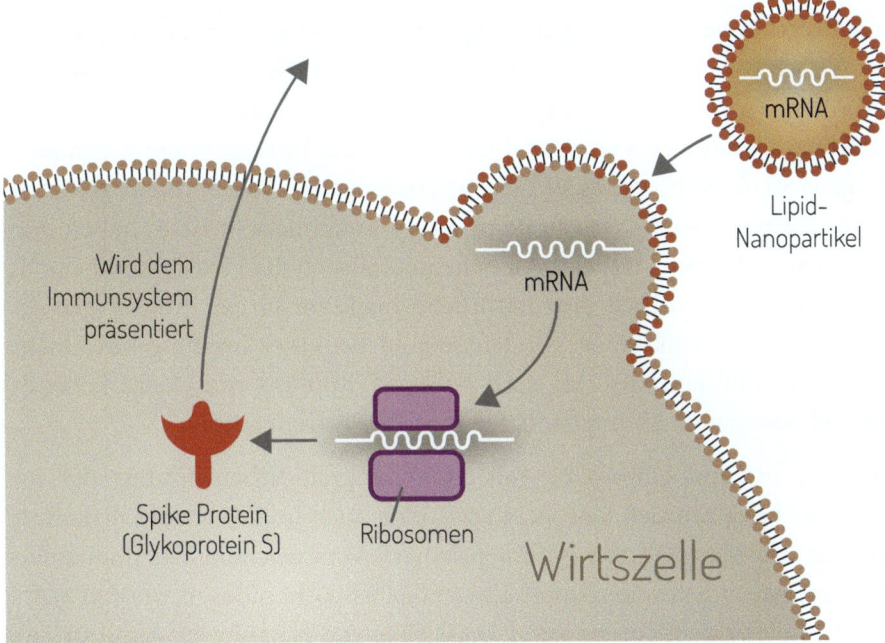

Abbildung 5: Die mRNA wird mit Hilfe von Lipid-Nanopartikeln in die Zelle eingebracht.

7.3 Dokumentierte Nebenwirkungen

Im Zuge der klinischen Phase III wurden auch Nebenwirkungen der Impfstoffgabe dokumentiert. Neben leichten und moderaten Nebenwirkungen wie
Juckreiz oder Schmerzen an der Impfstelle sind nach Pressemitteilungen von
Biontech bei mehr als 2 % der Probanden auch Nebenwirkungen dritten Gra-
des aufgetreten. Demnach litten 3,8 % der Probanden nach der Impfstoffgabe
unter Müdigkeit und Erschöpfung und 2 % klagten über Kopfschmerzen. Die
Nebenwirkungen treten damit ähnlich häufig auf, wie bei einer Grippeimp-
fung. Als mögliche Ursache sehen einige Experten die Lipid Nanopartikel,
nicht die mRNA bzw. das von den Zellen produzierte Spike Protein. Bei äl-
teren Studienteilnehmern wurden seltener Nebenwirkungen beobachtet und
sie waren schwächer ausgeprägt. Über die Nebenwirkungen berichteten bereits auch wissenschaftlichen Zeitschriften wie Science[18]. Auch im Verlauf der
Impfkampagnen werden Nebenwirkungen weiter dokumentiert und für eine
endgültige Zulassung des Impfstoffes berücksichtigt.

7.4 Mögliche Langzeit-Nebenwirkungen

Studienergebnisse zu möglichen Langzeit-Nebenwirkungen des Impfstoffes
liegen noch nicht vor. Eine potentielle Langzeit-Nebenwirkung könnten
nach Meinung von Impfstoffexperten wie Leif-Erik Sander von der Charité
Autoimmunreaktionen sein. Dabei richtet sich das Immunsystem gegen körpereigene Strukturen, weil es sie für körperfremd hält. Autoimmunreaktionen
können auftreten, wenn Virusproteine eine sehr ähnliche Struktur haben, wie
körpereigene Proteine. Dabei spielt es keine Rolle, ob die Virusproteine durch
eine Impfung oder durch eine natürliche Infektion in den Körper gelangt
sind. Autoimmunreaktionen können sowohl bei einer Impfung mit einem
mRNA-Impfstoff auftreten, als auch bei einer Impfung mit einem Lebendimpfstoff oder einem Totimpfstoff. Sie sind aber extrem selten.

Der letzte bekannt gewordene Fall einer Langzeit-Nebenwirkung, der im
Zusammenhang mit den Corona-Impfstoffen auch immer wieder diskutiert
wird, war das Auftreten von Narkolepsie nach Verabreichung des Impfstoffes
Pandemix gegen Schweinegrippe. Etwa 60.000.000 Impfdosen wurden weltweit verimpft und es wurden rund 1.300 Fälle von Narkolepsie damit in Zusammenhang gebracht.

7.5 Offene Fragen

Hinsichtlich der Wirkung des Impfstoffes gibt es einige Fragen, die erst nach Beginn von Massenimpfungen beantwortet werden können. So ist derzeit nicht geklärt, ob eine Impfung nur Immunität verleiht, oder ob sie auch verhindert, dass eine infizierte Person ansteckend ist (sterile Immunität). Verschiedene Studien[19] deuten darauf hin, dass auch asymptomatische Infizierte infiziös sind, deshalb kann derzeit nicht sicher ausgeschlossen werden, dass geimpfte Infizierte dennoch andere Menschen anstecken können. Aber selbst wenn die Impfung nur vor einer Erkrankung schützt und infizierte Menschen weitgehend symptomfrei bleiben, wäre sie ein riesiger Fortschritt, denn es könnten Millionen Todesfälle in den besonders gefährdeten Gruppen verhindert werden.

Von der Beantwortung dieser Frage hängt es letztlich auch ab, ob durch Impfungen eine Herdenimmunität erreicht werden kann und die Pandemie so letztlich abklingt.

8 Chance oder unkalkulierbares Risiko?

Die Entwicklung der Corona Impfstoffe ist aus verschiedenen Gründen schneller gelungen, als bei vielen anderen Imfpstoffen. Einige Gründe dafür sind im Buch genannt. Die meisten Impfstoffexperten sehen trotz der kurzen Entwicklungsdauer kein erhebliches Risiko für schwere Nebenwirkungen. Ein hunderprozentiger Ausschluss aller Nebenwirkungen ist weder bei den Corona-Impfstoffen, noch bei irgendeinem anderen Impfstoff oder Medikament möglich.

Die Entscheidung, sich impfen zu lassen, muss jeder für sich selbst treffen. Dabei gilt es das Risiko einer Coronainfektion und das Risiko möglicher Folgen einer Infektion abzuwägen gegen das Risiko von Nebenwirkungen der Impfung.

Zusammenfassend kann man sagen, eine Impfung mit einem zugelassenen Impfstoff bietet eine hohe Chance auf Schutz vor einer Covid-19 Erkrankung bei geringem Risiko.

Endnoten:

1   *Lobardi et al. 2007 - A brief history of vaccines and vaccination - Rev. sci. tech. Off. int. Epiz., 2007, 26, 29-48*

2   *Stern et al. 2005 - The History Of Vaccines And Immunization: Familiar Patterns, New Challenges – Health Affairs, 2005, 24, 3*

3   *https://www.covid19-pandemie.org/001/*

4   *Apolone et al. 2020 - Unexpected detection of SARS-CoV-2 antibodies in the prepandemic period in Italy - Tumori Journal 1, 6*

5   *Zhu et al. 2020, A Novel Coronavirus from Patients with Pneumonia in China, N Engl J Med 382, 8*

6   *Wrapp et al. 2020, Cryo-EM structure of the 2019-nCoV spike in the prefusion conformation, Science 367, 1260–1263*

7   *https://www.covid19-pandemie.org/005/*

8   *Denison et al. 2011, Coronaviruses, RNA Biology, 8, 270-279*

9   *Lauber et al. 2013, The Footprint of Genome Architecture in the Largest Genome Expansion in RNA Viruses, PLOS Pathogens, 9*

10   *Shengli et al. 2020 - Effect of an Inactivated Vaccine Against SARS-CoV-2 on Safety and Immunogenicity OutcomesInterim Analysis of 2 Randomized Clinical Trials – JAMA, 324, 10, 951 - 960*

11   *Masoudi et al. 2014 - The adjuvant component α tocopherol triggers via modulation of Nrf2 the expression and turnover of hypocretin in vitro and its implication to the development of narcolepsy – Vaccine, 23, 32*

12   *Pressemitteilung Paul Ehrlich Institut vom 02.10.20 – Erneut klinische Prüfung eines COVID-19-Impfstoffs in Deutschland genehmigt*

13   *Till et al. 2020 - Safety and immunogenicity of a modified vaccinia virus Ankara vector vaccine candidate for Middle East respiratory syndrome: an open-label, phase 1 trial – Lancet Infect Dis 20, 7, 827 - 838*

14   *doi:10.1001/jama.2020.12603*

15   *https://doi.org/10.1101/2020.11.15.383323*

16   *https://www.nytimes.com/interactive/2020/science/coronavirus-vaccine-tracker.html*

17   *Pressemitteilung Biontech vom 07.09.20*

18   *doi:10.1126/science.abf7805 und DOI: 10.1126/science.370.6520.1022*

19   *https://doi.org/10.1111/irv.12743*

Der Autor

Der Autor Dietmar Schäffer studierte an der Friedrich-Alexander-Universität (FAU) Erlangen-Nürnberg Biologie mit Schwerpunkt Mikrobiologie. Nach dem Studium war er mehrere Jahre bis Ende 1999 als wissenschaftlicher Mitarbeiter am Lehrstuhl für Mikrobiologie der FAU beschäftigt. Schon während dieser Zeit hielt er zahlreiche Vorträge zu naturwissenschaftlichen und medizinischen Themen an verschiedenen Bildungseinrichtungen und ist seit dem Jahr 2000 selbständig. Im Laufe der Jahre verfasste er verschiedene Sachbücher und Reiseführer.

Ebenfalls lieferbar:

Die Corona-Pandemie
Fakten zur Krise –Tipps für den Alltag
· 48 Seiten, 13 Farbabbildungen, 3 Tabellen
· ISBN 978-3-9821864-0-5, 9,80 EUR

Von Elfen, Trollen und Gespenstern
Sagenhafte Erzählungen aus Island
· 80 Seiten, 34 Farbfotos
· ISBN 978-3-931433-06-2, 19,80 EUR

Die Vulkanausbrüche am Eyjafjallajökull (D/E)
· 60 Seiten, zahlreiche Farbabbildungen
· ISBN 978-3-931433-07-9, 12,80 EUR

Norwegens Natur entlang der Postschiffroute
· Naturführer
· 7 Tabellen, 7 Farbabbildungen, 5 Karten, 111 Fotos
· ISBN 978-3-931433-08-6, 14,80 EUR

Klimawandel und Energiewende
Ein Buch für Klimaleugner und Klimagläubige
· 7 Tabellen, 7 Farbabbildungen, 5 Karten, 111 Fotos
· ISBN 978-3-9821864-1-2